La nouvelle élève

L'auteur

Née en 1973, Christelle Chatel a longtemps travaillé sur le développement de collections de DVD jeunesse, avant de se consacrer à sa passion : l'écriture de livres pour enfants. Elle est l'auteur de nombreuses histoires pour petits et grands, de documentaires et de livres de recettes souvent conçus en famille, entre Paris et la Bretagne. Elle replonge aussi régulièrement dans l'univers du dessin animé en tant que scénariste et adaptatrice. Mère de trois enfants, dont l'un est fan de chevaux, elle est maintenant incollable sur l'équitation grâce à Horseland !

Ce roman est adapté de l'épisode *La riche héritière*.

www.cjar.com

Loi n° 49-956 du 16 juillet 1949 sur les publications destinées à la jeunesse.

ISBN : 978 2 7404 2895 5 – MDS : 60471
Photogravure : Turquoise
Imprimé en Espagne par Dedalo Offset en juillet 2011
N° d'édition : M11133-01
Dépôt légal : août 2011

HORSELAND™

Christelle Chatel

La nouvelle élève

BiBLiO MANGO

Sarah & Scarlet

Fidèle en amitié, Sarah sait trouver les mots justes pour aider les cavaliers et leurs chevaux en cas de besoin.

Rosa & Panache

Excellente cavalière, Rosa dévore tous les livres sur les chevaux et adore partager leurs secrets !

Marie & Calypso

Toujours de bonne humeur, Marie prend la vie du bon côté et aime se moquer gentiment de ses camarades.

Basile & Apache

Très protecteur avec les cavalières, Basile a un côté rebelle qui lui joue parfois des tours.

Chloé & Chili

Chloé adore être en compétition avec sa jeune sœur Zoé, surtout quand il s'agit de séduire Basile…

Zoé & Pepper

Excellente au saut d'obstacles, Zoé partage avec sa sœur un goût prononcé pour la mode et les ragots.

Fred & Tango

Fred est le cousin de Basile. Il apprend aux élèves du ranch toutes les ficelles de l'équitation.

Scoup, Lili & Carlotta

Avec sa sagesse et son expérience, le chien Scoup commente tous les événements du ranch et les explique à Lili, le jeune cochon, et Carlotta, une chatte au cœur d'or sous ses airs hautains.

Ce matin, à Horseland, tout le monde court dans tous les sens. Les pensionnaires nettoient les écuries, brossent leurs chevaux, balaient le sol… Quelle effervescence ! Seules Marie et Rosa ne semblent pas savoir ce qui se prépare. Les jeunes cavalières n'ont qu'une envie : aller s'entraîner dans la carrière.

— Pas si vite, mesdemoiselles ! Nous avons besoin de vous, leur crie Fred, un râteau dans chaque main. Nos parents veulent que le ranch soit impeccable.

— Pourquoi ? Il se passe quelque chose de

spécial aujourd'hui ? demande Marie.

— Nous accueillons une nouvelle élève.

— Une nouvelle élève ! s'écrient les filles.

— Allez, au travail ! insiste Fred avec autorité.

Les deux amies se mettent à la tâche, mais elles ne trouvent aucun intérêt à ratisser le sol. Elles préfèreraient largement monter leurs juments, Calypso et Panache. Basile, une caméra à la main, s'approche d'elles en les filmant. Rosa et Marie retrouvent leur sourire et prennent la pose.

— Salut, Basile ! Tu tournes un film ?

— Oh ! C'est une idée de mon père. Je filme les leçons d'équitation.

Et il ajoute :

— C'est pour la nouvelle !

Trop, c'est trop : Marie s'énerve déjà contre la future pensionnaire.

— Non mais, qui est cette vedette ? La fille du président ?

— Presque ! Son père est banquier, et c'est l'un des hommes les plus riches du pays. Elle s'appelle Sarah Delahaute, répond Basile.

Chloé et Zoé, qui écoutaient la conversation de loin, accourent.

— Les célèbres Delahaute !

Une fille riche et connue à Horseland ! Voilà qui est très intéressant pour les deux sœurs folles de mode et de ragots.

— Il ne nous manquait plus qu'une troisième pimbêche…, dit Marie tout bas à Rosa.

Basile veut que l'arrivée de Sarah Delahaute se passe dans les meilleures conditions.

— Comme vous le savez, mon père est le propriétaire du ranch, et il m'a expliqué que c'était une chance d'accueillir une personnalité parmi ses élèves.

— Tu peux compter sur nous, Basile. Nous allons t'aider à tout préparer ! s'exclament Zoé et Chloé.

— Commencez par prendre un balai. Et n'oubliez pas : il faudra être gentilles avec elle. C'est d'accord, les filles ?

— Promis !

Les deux sœurs filent dans leur chambre se coiffer et se maquiller. Il faut faire bonne impression à cette élève pas comme les autres. Le balai ? Elles s'en occuperont plus tard... Après tout, Rosa et Marie se débrouillent très bien sans elles.

Allongée sur une botte de foin, la chatte Carlotta n'a pas perdu une miette de cette passionnante conversation. Elle court aux écuries tout raconter aux autres animaux du ranch.

Calypso ne croit pas un mot de ce que raconte Carlotta.

— Je t'assure que j'ai bien entendu Basile. Horseland va accueillir la fille la plus riche du pays, répète la chatte.

Les chevaux de Chloé et de Zoé, très fiers de leur pedigree, sont ravis. Une cavalière fortunée ne doit pas choisir n'importe quelle monture.

— Son cheval est sûrement un véritable pur-sang, commente Chili.

— Nous allons enfin être rejoints par quelqu'un de notre rang, se félicite Pepper.

Panache a la crinière qui se hérisse.

— Tu auras beau avoir le meilleur pedigree de la terre, tu ne deviendras pas meilleure sauteuse pour autant ! lui lance-t-elle avec dédain.

Pendant que les chevaux s'agitent dans leur boxes, Fred bat le rappel auprès des élèves. Le travail n'est pas terminé. Il faut encore ranger les écuries, installer les barres d'obstacles, étriller les chevaux… La journée vient à peine de commencer, et Marie se sent déjà épuisée.

— Pourquoi devons-nous nous charger de toutes les corvées, sous prétexte que le père de cette élève est riche ?

— Mon père dirige Horseland, et personne ne nettoie à ma place ! s'exclame Rosa.

— Et moi non plus, je n'ai jamais eu de traitement de faveur, reconnaît Basile.

Pour Marie, c'est vraiment injuste de devoir travailler à la place des autres. Cela lui rappelle soudain que Zoé et Chloé ne sont même pas là, alors qu'elles avaient promis de donner un coup de main. Basile n'est pas étonné.

— Elles ne veulent sans doute pas salir leur tenue de grand couturier. Une fois de plus, nous allons devoir nous débrouiller sans elles…

Quelques heures plus tard, les écuries sont nettoyées et les chevaux, bien brossés, sont installés face à la carrière. Rejoints par Scoup et Carlotta, ils sont aux premières loges pour l'arrivée de la nouvelle, et ils observent avec attention les pensionnaires.

— C'est la première fois que je les vois s'activer autant, reconnaît Scoup. Ils se donnent vraiment du mal.

— C'est peut-être une vraie princesse, cette fille, se met à rêver Carlotta.

Ce n'est pas la cavalière qui intrigue Apache, mais plutôt sa monture.

— À votre avis, à quoi va ressembler ce nouveau cheval ?

Pour Calypso, il n'y a pas de doute.

— À un snob de première classe, comme Chili et Pepper, pardi !

Les deux chevaux, restés à l'écart, ne relèvent pas la remarque. Ils fixent l'entrée du ranch et guettent l'arrivée du pur-sang.

Ouf ! Le parcours d'obstacles est prêt. Fred rejoint les pensionnaires et les félicite pour leurs efforts.

— C'est enfin terminé ! souffle Rosa.

Basile se sent gêné vis-à-vis de ses amies.

— Quand elle aura pris sa première leçon,

on laissera mademoiselle Delahaute ranger tous les équipements toute seule, propose-t-il.

— Compte sur nous pour te le rappeler ! dit Marie.

Fred selle Tango, son beau cheval palomino, et s'apprête à demander aux élèves de faire de même avec leur monture quand, soudain, un vrombissement se fait entendre.

Tout le monde se tait. Scoup dresse les oreilles.

— C'est la nouvelle qui arrive ? demande Carlotta, tout excitée.

Avec son ouïe exceptionnelle, le chien ne se trompe jamais.

— C'est bien le bruit d'une voiture.

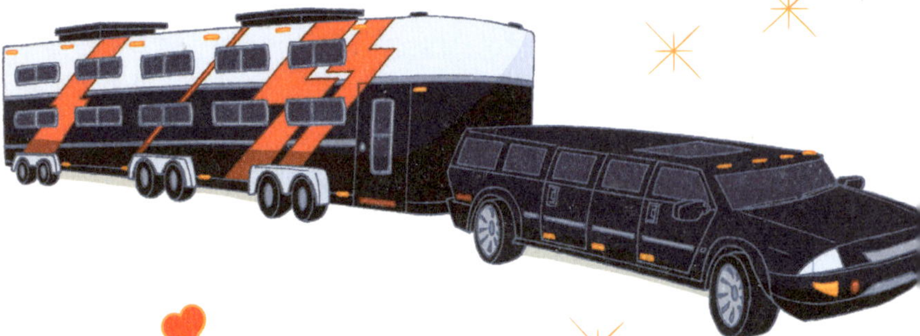

Dans un nuage de poussière, une immense limousine se rapproche, avec une remorque longue comme un train. Les pensionnaires d'Horseland n'en croient pas leurs yeux.

— Waouh ! Son van est plus grand que la grange ! s'écrie Basile.

Marie se dit que cette fille est encore plus riche que ce qu'elle imaginait.

— Nous pourrions tous voyager à l'intérieur de cette voiture, c'est dingue !

Du côté des chevaux, les commentaires ne tardent pas non plus. Pour Calypso et Apache, c'est clair : un cheval avec une remorque

aussi gigantesque ne peut être qu'un affreux prétentieux. Mais Scoup, en vieux sage, leur rappelle qu'il ne faut jamais juger un cheval avant même d'avoir vu le bout de son museau.

Enfin, la porte de la voiture s'ouvre. Une jeune fille ravissante, aux longs cheveux blonds, apparaît dans sa tenue de cavalière digne d'un magazine de mode. Basile reste bouche bée. Chloé et Zoé sautent de joie.

— Sa limousine est encore plus grosse que la nôtre. Et quelle élégance ! Cette fille est comme nous !

— Horseland va devenir le royaume des snobs, se désole Marie.

L'encolure tendue, les naseaux frémissants, les chevaux observent l'ouverture des portes de la remorque. Une magnifique jument noire apparaît. Apache émet un sifflement admiratif.

— Elle est sublime !

Chili et Pepper hennissent de joie. Ils avaient raison, c'est un pur-sang.

Sarah vient tout de suite rassurer son cheval.

— Nous sommes arrivées, Scarlet. As-tu vu comme cet endroit est magnifique ? Nous allons nous plaire ici, je le sens.

— Bonjour, moi c'est Chloé, bienvenue !

— Bonjour, moi c'est Zoé ! Double bienvenue !

Les deux sœurs veulent tout de suite attirer l'attention de la nouvelle élève.

— J'adore ta tenue ! C'est de la soie ?

— Et tes cheveux, ils sont blond californien, non ?

— Oh là là ! J'ai les mêmes bottes que toi, en bleu clair !

— Tu chausses du 35 ou du 36 ?

Sarah ne sait plus où donner de la tête.

— Enchantée, moi c'est Sarah. Merci pour votre accueil ! J'ai hâte de rencontrer les autres pensionnaires.

Basile, Marie et Rosa ne sont pas si pressés.

Ils n'ont aucune envie d'être gentils avec celle qui leur a donné tant de travail ce matin.

— Vous avez vu comme elle est déjà copine avec Zoé et Chloé ? lance Basile.

— Ce n'est pas une surprise, chuchote Marie. Attention, la voilà !

La nouvelle venue se présente en souriant.

— Bonjour, je m'appelle Sarah. Je suis ravie de vous connaître.

Les trois amis répondent sans un sourire, ni un regard :

— Moi, c'est Marie.

— Je m'appelle Basile.

— Et moi, Rosa.

Drôle d'accueil ! Heureusement, Fred intervient.

— Bonjour, je m'appelle Fred. Ne fais pas attention à eux, ils sont de mauvaise humeur.

Chloé et Zoé veulent tout de suite poser plein de questions à Sarah et l'entraînent avec elles.

— Suis-nous ! On va te faire visiter la propriété…

4

C'est l'heure du déjeuner. Dans la queue du self, Sarah se retrouve juste derrière Rosa.

— Mmm ! La cuisine sent très bon, fait-elle remarquer.

— Nos sandwiches sont délicieux, tu verras, dit Rosa, qui regrette aussitôt d'avoir été aimable. Cela dit, là d'où tu viens, ils sont sûrement meilleurs.

Sarah aimerait bien poursuivre la conversation, mais Chloé et Zoé surgissent derrière elle et la conduisent en tête de la file. Basile n'en revient pas.

— Elle dépasse tout le monde ! Elle n'est vraiment pas gênée, cette fille.

Dans les écuries, l'accueil de Panache, Calypso et Apache est plutôt glacial. Scarlet tente de détendre l'atmosphère.

— Alors, vous vous plaisez ici ? demande-t-elle.

Apache, avec son caractère de mustang, veut montrer qu'il ne se laissera pas impressionner.

— Et pourquoi voudrais-tu qu'on ne se plaise pas à Horseland ?

Et hop ! Les trois chevaux se tournent vers le fond de leur box.

Scarlet s'excuse. Elle ne voulait pas être blessante. Les chevaux de Zoé et de Chloé sortent leur tête.

— Ne perds pas ton temps avec eux. Moi, c'est Chili !

— Et moi, je suis Pepper. Parle plutôt avec nous.

Carlotta adore cette ambiance électrique.

— Je sens que les coups de sabots vont voler !

Lili, avec son cœur tendre de petit cochon, se désole que ses amis chevaux n'aiment pas Scarlet.

— Elle a l'air gentille, cette jument.

Scoup est d'accord avec elle et trouve que les animaux sont parfois aussi stupides que les humains quand ils jugent trop vite un nouveau venu.

— Apache, Calypso et Panache devraient prendre le temps de connaître Scarlet.

La journée continue, et rien ne semble s'arranger. Dans la sellerie, Sarah cherche un endroit pour brosser sa selle.

— Non, pas ici, c'est réservé ! dit sèchement Marie en regardant fixement la selle en cuir rouge de la cavalière et son sac assorti.

— Oh ! Pardon ! Et là, c'est libre ? demande poliment Sarah.

Rosa lui répond :

— C'était la place d'une fille qui était là cet été. Qui sait ? Elle va peut-être revenir…

Et Basile remporte le concours de méchanceté en ajoutant :

— Regarde tout au fond. Je crois qu'il reste une place libre.

Une fois seule, Sarah s'effondre, en pleurs. Elle ne comprend pas pourquoi ces élèves la rejettent. C'est la pire journée de sa vie.

Dans les écuries, sa jument, elle, aimerait connaître la raison pour laquelle Chili et Pepper tiennent tant à ne pas fréquenter les autres chevaux d'Horseland.

— Nous sommes d'une meilleure lignée. Nous trois, nous sommes des chevaux de race, explique Pepper. Nous n'avons rien à faire avec ces moins-que-rien !

Scarlet secoue sa crinière.

— Moi, je choisis mes amis pour ce qu'ils sont et non pour leur pedigree !

— Eh bien tant pis pour toi ! rétorque Chili, vexé.

Dans la sellerie, Sarah sèche ses larmes. Ce n'est pas le moment de s'apitoyer sur son sort. Elle sent que les élèves d'Horseland ne sont pas aussi cruels qu'ils en ont l'air. Bien sûr, il y a Zoé et Chloé, mais leur conversation tourne autour de la mode, la mode et encore la mode. Sarah aimerait bien se faire d'autres amis.

— Il faut que j'arrive à leur parler plus de cinq minutes…

Elle défroisse sa veste d'équitation et se dirige vers la carrière d'un pas décidé.

Justement, Basile, Marie et Rosa sont en train d'installer le parcours d'obstacles. Sarah propose son aide.

— Rosa, sais-tu où je peux trouver un autre râteau pour m'occuper du reste de la carrière ?

— C'est bon, je me débrouille très bien toute seule.

Elle fait une autre tentative auprès de Basile et de Marie, mais ils refusent eux aussi sa proposition. Sarah prend son courage à deux mains.

— Écoutez, j'ai bien réfléchi tout à l'heure

dans la sellerie. Il faut tout reprendre à zéro et faire vraiment connaissance. Qu'en pensez-vous ?

À sa grande stupeur, Rosa se met en colère. Elle a besoin de dire ce qu'elle a sur le cœur.

— Ici, personne ne bénéficie d'un traitement spécial !

— Oui, nous sommes tous égaux ! renchérit Basile.

Sarah n'y comprend rien. Elle ne se considère pas comme une élève privilégiée.

— Je n'ai jamais dit que j'étais différente de vous..., tente-t-elle de répondre.

— Alors, pourquoi faisons-nous toutes les corvées à ta place ? demande Marie.

Sarah ne comprend pas ce qu'elle lui reproche. Elle murmure avant de partir en courant :

— Excusez-moi. Je ne dois pas avoir ma place ici.

Zoé et Chloé ont tout vu !

— Pourquoi Sarah est-elle partie ? demandent-elles.

— J'ai l'impression qu'elle veut quitter le ranch, répond Basile, penaud.

— Comment ? crie Zoé.

— Vous êtes lamentables ! ajoute Chloé. Pour une fois qu'une fille géniale arrive à Horseland !

Marie et Rosa se rendent compte que Sarah a dû être blessée par leur attitude. Quant à Basile, il sait que son père sera furieux d'apprendre le départ de Sarah, et qu'il aura raison.

— Nous avons été durs avec elle, alors que c'est une chance pour Horseland d'accueillir une nouvelle élève, dit-il.

Chloé et Zoé haussent les épaules.

— Vous nous reprochez sans cesse de juger les gens sans les connaître, et vous venez de faire exactement la même chose.

— Quelle horreur ! Tu as raison ! s'affole Marie.

Rosa s'en veut terriblement.

— Nous devrions peut-être présenter nos excuses ?

— Oui, dit Basile. Il faut qu'on lui parle…

Il regarde sa montre.

— Oh ! C'est l'heure du cours de Fred.

Sur la piste, tous les élèves sont réunis pour la leçon d'équitation. Tous, même Sarah, qui fait comme si de rien n'était. Basile n'a pas oublié d'installer la caméra. Fred annonce qu'ils vont travailler la pose lors du saut d'obstacles.

— L'important, c'est de bien calquer votre pose sur celle du cheval quand vous vous approchez de l'obstacle. Gardez le dos bien droit et vos pieds dans les étriers, et vous vous sentirez glisser vers l'arrière de votre selle.

Avec Tango, il fait une démonstration et réalise un saut parfait.

— Bravo, Fred ! applaudissent les élèves.

— Vous avez vu, ce n'est pas très compliqué. Alors, à qui le tour ? demande le moniteur.

Rosa, toujours prête à essayer de nouvelles techniques, lève la main.

— Très bien ! Commence, Rosa !

La jeune fille ne remarque pas que Chili prépare un mauvais coup. Il est furieux contre Scarlet depuis qu'elle a osé le contredire.

— Cette jument va avoir des problèmes ! Eh ! Eh !

Pepper a beau essayer de l'arrêter, Chili donne un grand coup de dents dans la cuisse de Panache. La jument hennit de douleur et part au galop.

Rosa est morte de peur. Elle ne maîtrise plus son cheval ! Au moment de sauter l'obstacle, Panache fait tomber une barre.

— Au secours ! crie Rosa.

La jument perd l'équilibre et entraîne sa cavalière avec elle dans une chute impressionnante. Rosa est projetée plusieurs mètres devant Panache, qui s'effondre sur la piste.

Fred se précipite…

— Rien de cassé, Rosa ?

— Non, ça va. Et Panache ? Elle est blessée ? s'inquiète la cavalière.

C'est la panique parmi les pensionnaires, mais Sarah, elle, garde son sang-froid. Elle descend de cheval, attache Tango et Scarlet puis court jusqu'à la piste.

— Fred, je m'occupe de la jument pendant que tu appelles le vétérinaire.

Le moniteur apprécie le coup de main.

Il demande à Marie et à Basile de rester auprès de Rosa pendant son absence. Il ne lui faut que quelques minutes pour rejoindre les bureaux et téléphoner.

Sarah caresse Panache et trouve les mots pour l'apaiser :

— Tout doux, ma belle !

La jument tente de se relever, mais elle hennit de douleur.

— Du calme, reste couchée, dit Sarah en continuant de la caresser. Tu as juste une égratignure.

Rosa observe sa monture avec inquiétude.

— Ma pauvre chérie ! Je ne comprends vraiment pas ce qui s'est passé.

Marie l'empêche de se lever.

— Ne bouge pas, Rosa, nous allons t'emmener à l'infirmerie.

— Sarah lui parle et la calme, ne t'en fais pas, ajoute Basile.

Les animaux du ranch sont aussi très inquiets pour leur amie jument.

— Pauvre Panache ! J'espère que ses blessures ne sont pas trop graves, se désole Calypso.

— Sarah s'occupe d'elle. Fais-lui confiance, tout va rentrer dans l'ordre, la rassure Scarlet.

Apache est furieux. Il est persuadé que c'est la jument de Sarah qui a mordu Panache.

— Si tu étais restée tranquille, rien de tout cela ne serait arrivé.

— Que veux-tu dire ? Je n'ai rien fait ! répond Scarlet.

Et Calypso prend aussitôt sa défense :

— C'est Chili le coupable. Je l'ai vu !

À l'écart des autres chevaux, comme toujours, Chili, lui, n'est pas du tout embarrassé. Il se demande même pourquoi Panache fait son intéressante.

— C'est vrai, approuve Pepper. Tu n'aurais

jamais dû la mordre, mais ce n'est pas une raison pour jouer les stars.

Zoé et Chloé sont contrariées par tout ce chamboulement. Elles adorent le saut d'obstacles, et elles auraient largement préféré s'entraîner. Faute de mieux, elles observent Sarah à genoux près de Panache.

— Oh non ! Elle est folle ! crie Zoé.

Sarah vient de couvrir la jambe de Panache avec sa veste de cavalière. Chloé est outrée.

— Salir une veste de grand couturier pour une jument qui n'est même pas la sienne !

Enfin, Fred revient sur la piste.

— Le docteur Migaud sera là dans vingt minutes. Je vais prendre le relais, si tu veux, propose-t-il à Sarah.

— Je préfère rester avec elle. Elle s'est calmée à présent.

Fred est désolé que la tenue de Sarah soit tout abîmée.

— Des vêtements, ça se rachète. Mais un cheval, rien ne peut le remplacer, dit-elle en souriant.

Zoé et Chloé les ont entendus.

— Je ne suis pas d'accord. Un cheval, cela se rachète très facilement, commente Chloé.

Chili n'aime pas trop ce genre de phrase…

Rassurée de voir Panache entourée par Fred et Sarah, Rosa a accepté d'aller à l'infirmerie et revient quelques minutes plus tard avec Marie. Elle s'est juste foulé le poignet.

— D'ici quelques jours, tu ne sentiras plus rien, la rassure Basile.

Zoé et Chloé accourent vers eux.

— Cela vous dirait d'apprendre pourquoi Panache s'est emballée ?

Et elle dénonce aussitôt la jument de Sarah.

Rosa et Marie sont sous le choc.

— C'est vraiment Scarlet qui a mordu Panache ? demande Rosa.

Chloé est formelle.

— J'étais juste à côté. Ce n'est pas étonnant que Sarah se sente coupable et tente de soigner Panache.

Basile les rejoint, sa caméra à la main.

— Ah oui ? Et moi, j'ai filmé toute la scène ! Nous allons vérifier tout de suite ce qui s'est vraiment passé.

— Chouette ! Un film ! Quelqu'un a pris du pop-corn ? demande Lili la gourmande.

Les images sont très nettes. Il y a même un gros plan sur… Chili en train de mordre la pauvre Panache ! Chloé n'en revient pas.

— Chili ! Comment as-tu pu faire ça ? C'est très embarrassant…

Quelques minutes plus tard, tout semble enfin rentré dans l'ordre. La voiture du vétérinaire repart. Panache est remise sur pattes.

— Le docteur Migaud tenait à te féliciter, Sarah, dit Fred.

— Oh ! Je n'ai rien fait de spécial, tu sais, répond la nouvelle élève, complètement décoiffée et couverte de poussière.

Chloé est traumatisée de voir une cavalière dans une telle tenue, mais elle doit aussi le reconnaître : Sarah s'est vraiment bien débrouillée.

C'est au tour de Rosa de s'avancer vers elle.

— Tu as su calmer Panache bien mieux que moi. Pourtant, je la monte depuis cinq ans et deux jours. Merci, Sarah !

Le moniteur trouve que c'est le moment de laisser les élèves se parler.

— Certaines personnes devraient présenter leurs excuses, non ? suggère-t-il.

Basile, Marie et Rosa serrent Sarah dans leurs bras. Zoé et Chloé sont dégoûtées.

— Partons vite avant qu'ils ne se mettent à pleurer !

Rosa, Marie et Basile se sentent soulagés, tout à coup.

— Nous t'avons prise pour une fille à papa gâtée et odieuse, comme peuvent l'être Chloé et Zoé, explique Rosa.

— Et nous nous sommes complètement trompés sur toi. J'espère que tu nous pardonneras d'avoir été si méchants à ton arrivée, ajoute Marie.

Basile est encore inquiet.

— Tu vas rester à Horseland, n'est-ce pas ?

Sarah éclate de rire.

— Bien sûr ! J'adore cet endroit, et Scarlet aussi, d'ailleurs. Mon père est riche, mais pour moi le bien le plus précieux ne s'achète pas : c'est l'amitié !

Voilà une journée riche en émotions qui se termine bien. Les pensionnaires d'Horseland ont découvert que Sarah avait un vrai don pour parler aux chevaux. Et c'est une chance pour eux d'avoir une nouvelle amie.

Retrouve ta série préférée en DVD VIDEO

Galope vite sur www.dvdhorseland.fr

Des goodies à imprimer et à télécharger, des vidéos, des jeux, un journal intime... et plein d'autres surprises !

www.citelvideo.com

Citel VIDEO

COOKIE JAR